" We want the world and we want it... NOW "
James D. Morrison

Guy Boulianne

La bataille des saints

Edition originale
1987

La Bataille des Saints, par Guy Boulianne

Première edition : 1er octobre 1987

Illustrations : Pierre Corbin

Editions Dedicaces LLC

www.dedicaces.ca | www.dedicaces.info
Courriel : info@dedicaces.ca

© Copyright — tous droits réservés
Toute reproduction, distribution et vente interdites
sans autorisation de l'auteur et de l'éditeur.

Préface aux dirigeants

La femme créa l'homme et l'homme devint mensonge ;
Ce qu'il fit à la terre, je n'ose point le dire
Car je sais qu'en vous se traîne un long souvenir,
Une plaie couverte par ce fameux mensonge.

Hypocrites rêveurs qui, d'un repos sordide,
Amassez plus d'argent dans vos nombreux tiroirs,
Que l'amour nécessaire à ces grands yeux humides
Qui plongent leur regard dans les abîmes noirs.

Chacun semble d'accord, il faut cesser la guerre,
Mais qui de vous ira brandir son drapeau blanc ?
Le prince ou le roi, la reine d'Angleterre,
ou bien vous messieurs, honorables présidents ?

Je sais bien, pauvres gens, mes paroles futiles,
Vous fermez ce livre que personne ne lira.
Toujours pour conserver votre peuple débile,
Semblable à l'armée, vous le menez au combat.

Vous n'avez que rancoeur, imbéciles vivants !
Vos mères et vos épouses sont plus fortes que vous
Et pleines de pitié pour ces pauvres amants,
Elles vous donnèrent vie, vous plaçèrent debout.

Maintenant que le regret habite nos têtes
Le vent souffle sa mort sur nos corps embaumés,
Le monde, je l'espère, reprendra de sa fête
Lorsque vous, bons messieurs, serez bien enterrés.

L'art ne peut être emporté que par son seul instinct d'accomplir la vérité.

Aux Mères
Du monde entier...

Guy Boulianne

La Bataille des saints

Souffrances
Que de souffrances
Pour l'homme qui cherche
L'amour
Et ne le trouve point

Le poète mélancolique

Seul dans ma chambre,
Couché sur le dos,
Je comtemple...

Je contemple le plafond,
Blanc comme mes rêves

Une femme est partie
Entre la gloire
Et la pitié

Le poète
Toujours triste,
La mélancolie qui suit chacun
De ses pas
Comme une ombre qui ne peut
Se détacher

Le manège tourne
Dans la tête d'un fou,
Les couleurs semblent
Se poursuivre,
Les chevaux de bois
Montent et descendent
La bouche ouverte,
Les dents crispées

La musique qui parvient
Dans mes oreilles
Se mêle aux grincements
De chaque roue non-graissée

De toute cette fête joyeuse
Se distingue un cheval blanc...

Cet étalon
Aux yeux rouges et pétillants,
Se tient droit
La crinière dans le vent...

Sa monture est montée
Par l'amour transparent,
L'amour aveugle
Mais qu'on veut posséder

Je cours pour lui crier
Mon envie
Mais le cheval a des ailes d'ange

Et le manège continue de tourner
Et moi je continue de courir...

L'amour qui veut s'échapper
Des mains du poète,
S'envole dans son paradis
Laissant derrière elle
Un corps perdu

Entre la gloire
Et la pitié,
Le poète est toujours seul
Dans l'abîme de ses remords.

Solitude errante

Je me meurs
Dans mon château de pierre,
Je me meurs
Dans ma solitude errante

Moi qui vis aux jours du songe
Entre les murs de mes pensées,
Je ne peux oublier l'amour
Toujours présent dans mes rêves
Les plus profonds

Dans le village,
Je me meurs devant ma fenêtre,
Pendant qu'une fête s'y déroule

C'est la fête des enfants joyeux
Grands ou petits, ils s'amusent tous.
Les feuilles des arbres sont remplacées
Par des lumières aux couleurs chatoyantes.
C'est merveilleux de voir ce monde
Se laisser glisser sur la neige
Emportant avec eux leurs sourires glacés

Sapins et bouleaux
Font le décor
De ce festin de fraîcheur,
Ce festin de joie

Mais moi,
L'amoureux,
Je me meurs
Entre les murs de mes pensées,
Car je suis seul
Dans mon château de pierre.

Huis clos

Aujourd'hui
Je n'ai point vu la couleur du ciel,
Enfermé à huis clos
Je n'ai point vu le soleil briller
À l'extérieur de mon être

Replié sur moi-même,
Il m'est difficile de comprendre
Ce qui m'arrive

Enfermé à huis clos,
Scellé de toute initiative,
Inconscient du sang qui coule
Et qui se répand sur la terre de mes aïeuls,
Devrais-je souffler sur les bougies –
        SECOND SOUFFLE DE VIE
Ou bien m'affaisser sur le sol –
        SEULE MORT QUI PEUT
        M'ATTEINDRE
Centaure que je suis
Je relance ma flèche
Qui sans cesse retombe sur mon jardin,
Lion de sang
Je suis dévoré par les pucelles
Autant que par mes semblables

Est-ce la fin ou le renouveau,
Pour l'instant je reste figé
Comme les aiguilles de ma montre
Brisée dans la furie de ma colère

Chaque

Chaque brin d'herbe dans le champ
Représente
Une partie de mon amour pour le monde

Chaque hirondelle dans le ciel
Représente
Une partie de mon amour pour le monde

Chaque goutte d'eau dans l'océan
Représente
Une partie de mon amour pour le monde

Chaque grain de sable dans le désert
Représente
Une partie de mon amour pour le monde

Chaque pièce d'argent en tous lieux
Représente
Une partie de mon amour pour le monde

MAIS POUR LE MONDE

Chaque appel à mon coeur
Représente
Une partie de leur amour pour moi.

Bleu blanc... rouge

Des paysages brumeux
Habitent mes forêts,
Le noir des profonds marais
Se gonfle de mépris

(À savoir si je mourrai
Avant même de frôler ma destinée)

Mon âme est peuplée d'araignées
Pueuses et visqueuses,
Les scorpions
Rongent mes cervelles
Et je crie   JE CRIE

La France m'attend,
PARIS des Baudelaire
Verlaine Rimbaud,
Pays des Breton
Eluard Aragon

Des paysages rêveurs
Habitent mes songes
Mourrai-je à Détroit
Boston New-York
Ou bien à PARIS
Celle qui m'attend

Pourrai-je enfin dormir
Au creux de cette fosse
Creusée pour moi
Au nom d'une poésie

Mais jusqu'à maintenant
Ce ne sont
Que des arbres flétris
Qui habitent mes forêts,
Les fleurs sont séchées
Et les lichens sont jaunis
(À savoir si je mourrai
Avant même de frôler ma destinée)

J'aimerais

J'aimerais que ma peau
S'assèche
Que chaque veine de mon corps
Éclate
Et que mon squelette
Baigne dans le sang

J'aimerais que mes yeux
Tombent de leur orbite
Que mes mains blanches
Et froides
Laissent voir mes paumes ridées

J'aimerais que mes cheveux
Durcissent
Que mon coeur cesse de battre
Pour me reposer... enfin

J'aimerais dormir
Sur un coussin blanc
Dans la terre qui me paraît
Si accueillante.

Que j'aimerais dormir
En paix

La bouche est meurtrie
Les yeux sont vide d'images
Le cerveau éclaté
Il ne reste que des débris
Quelques mirages
D'une conscience épuisée...

Le clown

J'incarne
Ce qui m'a toujours effrayé
J'incarne
L'homme

Harem

Démons rieurs,
Sans cesse moqueurs,
Je vous hais

Vie d'eau, vie de cristal,
Fragile comme la faiblesse
Tu m'attends dans ton harem
De folie

Perdu perdu perdu,
La petite aiguille
De la marche sans fin
Sans cesse me tourmente

La vie au bout de la corde,
Bientôt,
S'arrachera le cou
Pour percer le mystérieux

Ah ! vie de cristral,
Dans ta hâte,
Tu m'entraîne loin dans la folie
De ton harem

Ah ! vie d'eau,
Dans ta splendeur,
Je dérive au loin dans le flot
De tes courants

Laisse-moi donc mourir merde de vie,
Toi qui es si fragile

Frénésie

Juste un souffle
Dans mes oreilles

Juste un soupir
Au loin dans le temps

Que de querelles,
Que de disputes
Dans le diamant
Limpide comme irréel

Ah ! justice dans le noir,
Vérité révélée
Dans le noir de la nuit

Soupçons cachés
Dans l'or liquide, liquide
Perdu

Amour d'une fleur
Fanée
Consolée dans le verre
Soufflé

Misère, misère
Misère

Justice couverte d'hypocrisie,
Suis ton chemin
Sans détour
Vautour
Rapace

Ah ! justice
Hypocrite que tu peux être
Dans la frénésie
De tes désirs

Désirs,
Ne revenez pas
Je vous hais,
Désirs
Ne revenez pas

Stupide que je suis
Je continue mon chemin
Sans raison

                        Pauvre fou

Je te salue

                            Toi

Ma mort

                            Fin

Si je meurs mon ami
Un jour deviendra naissance
Et puisque la terre,
Milieu d'abandon,
Est le centre de ma mort

Tout sera meilleur

Pleure pleure pleure

Tu es d'un humour,
Vraiment, d'un humour
Très spécial

J'aimerais, quelques fois,
Que tu sois plus sérieux
Et que tu plonges tes larmes
Dans mes paupières qui te cherchent

Tous les jours
Je marche seul
Cherchant l'amour
Au seuil
De ce qui semble
Bienvenue

Vraiment, tu es d'un humour,
D'un humour
Très spécial

J'aimerais, pour une fois,
Que tu sois plus sérieux
Et que tu plonges tes larmes
Dans mes paupières qui te veulent

Songe à celle qui m'a quitté
Au printemps de tes souvenirs,
Songe un peu
À l'ivresse
Malade et souffrante
Qui m'empoigna comme un fou

Tu es d'un humour,
D'un humour
Vraiment, très spécial

J'aimerais, juste une fois,
Que tu sois plus sérieux
Et que tu plonges tes larmes
Dans mes paupières qui te demandent

Pense au poète
Qui toujours sera maudit
Incompris
Rejeté
Mal-aimé
Pense un peu à moi

        Et plonge tes larmes
        Dans mes yeux qui te quêtent

Mourir de vivre

Si tu vois la lumière
Dis-lui bonjour
Et si tu entends le vent
Cours me chercher

Depuis longtemps
Que j'attend le soleil
Et l'air frais
Des grands océans

Depuis longtemps
Que je cherche l'amour
Au fond des forêts
Et des jardins multiples

Et les arbres qui dansent dans le vent
Et les oiseaux qui chantent en écho

Je me cherche
Même dans les fissures de la terre
Je me cherche à mourir
De vivre

Le sixième du soixante-six

Demain je me retournerai
Car le jeune va naître –
une autre fois – toujours

Regarde devant toi,
Tes yeux ne sont-ils pas ouverts
Devant ce qui t'attend

Ne pleure pas

Tu es choisi
Pour la Bataille des Saints,
Le feu grugera tes entrailles
Et tu crieras
Tu crieras

Retourne-toi car demain
Tu renaîtras –
Brin d'herbe tu n'es rien
Au côté de la montagne,
Laisse le ruisseau pleurer
Ses larmes

Me voici
Esprit faible,
Marqué comme la bête

Suis-moi

Sommeils vertigineux

DANS D'ÉTERNELLES ET LANGOUREUSES PROFONDEURS

Avant qu'hier ne passe
J'ai vu des hirondelles
Faire voltiges
En des ciels plus sympathiques

                            JE N'ÉTAIS PAS ENCORE NÉ

                            Je vis au dessus de moi
                            Des maisons non-construites
                            Et de lumineux lampadaires
                            S'éteindre à mes regards

(POURQUOI NAÎTRE EN CES LIEUX QUI GÉMISSENT)?

Extirper mon sommeil vertigineux
Vers d'hasardeuses destinées
PITIÉ
Je veux vivre

LES HOMMES SONT CRUELS ET SAUVAGES

                            Maintenant je souffre
                            Condamné à l'infini
                            À remplir cette mer
                            Sans cesse piétinée et saccagée

           DANS D'ÉTERNELLES ET LANGOUREUSES PROFONDEURS

On n'a pas besoin d'amour
Pour trouver l'amitié
Car c'est dans l'amitié
Qu'on trouve l'amour

Sombre allégorie

La lumière est trop éclatante, on m'aveugle par mille feux, les océans sont ravis et les corbeaux, rassasiés.

Croyez-vous que je vais mourir bientôt à vous voir cannibales et mangeurs de viandes fraîches ? Je le crois car je suis étouffé sous un amas de cadavres secs.

Ma mort sera douce et apaisante, jamais on ne saura pourquoi la raison de mon geste. Il y aura des cris, des larmes, des sourires, des éclats, des pourparlers, des discussions déjà entreprises mais personne ne pourra dire : je l'ai connu, j'ai connu cet être qui vivait sous un cénacle de voiles et de diamants non-polis, je savais qu'il était beau et qu'il pleurait pour les morts crucifiés ; on dira : si j'avais su, j'aurais pu l'aider...

La montagne tarie

J'ai devant moi la photographie d'un dénommé MERDIQUE, ce vieil ennemi qui m'a souvent, aux temps où j'étais petit, fait souffrir et languir, celui qui par ses paroles me faisait patauger dans une mare d'eau boueuse. Je ne pouvais toujours pas, même après de longues années de réflexions intenses, me débarasser de sa hantise cruelle et vorace, semblable à la mâchoire qui m'égorgea la nuit de ma naissance. Je chante tous les jours, dans la rue, aux clochards qui savent écouter, aux clochards qui n'ont que de joies à entendre les plaintes du narcisse maudit.

MERDIQUE vint me voir le jour où j'étais petit, et de ses doigts affilés, me leva haut de terre et me projeta loin, très profondément dans un gouffre, banni de la terre sans souci. C'est une histoire qui n'aura jamais de fin sauf au jour où je dormirai dans une terre drapée de chrysanthèmes et saoulée d'une rosée amère comme, je le dis bien, le sang des hommes.

J'espère mourir, bercé par cette corde qui m'attend depuis longtemps sur une montagne tarie par le soleil brûlant.

Essai

Les moutons sont bleus et les ciels sont gris. Comment voyager en ce pays turbulent où les marées sont si hautes que je ne voie les phares de l'engin qui frémit et qui gronde ? J'essaie de nager mais je cours, les algues retiennent mes efforts et les poissons encombrent les chemins et les parcours. Vous savez, ce n'est pas difficile de comprendre les astuces du moyen de grandir tout en jouant à saute-mouton. Les enfants sont fatigués d'être si petits et les adultes meurent à chaque fois de grandir trop vite. Ah la vie... mélancolie de mourir, je ne sais pourquoi, mais les hommes ont peur du vide-néant. Pourtant j'y ai vécu de beaux jours. Les bêtes marchaient sur les nuages et l'humain, encore, n'existait pas. C'était bien mieux ainsi.

Les fleurs sont rouges et le sang est blême. La terre-mère était si forte. J'ai soulevé des terres et des continents mais jamais comme celle qui s'appelle terre-mère.

Ah ! ah ! Je vous prends sur le fait messieurs dames, ne leurrez pas le pauvre fou. Faire cela en ces lieux est chose, depuis longtemps, dépassée. Faite-le devant moi sans craindre mes assauts. Savez-vous que je suis seul et que je pleure chaque fois que je vois mourir les papillons ? J'aime bien mieux la chenile, elle survit aux millions d'imbéciles qui écrasent les fourmis sans pitié. J'aime bien mieux la chenille, elle est belle et douce et elle pense beaucoup à l'avenir.

Ahhh ! Merveilleux monde stupide dans lequel je suis enchaîné et cloué comme une planche de pin sur un bûcher brûlant.

Je l'aime bien quand même, assez pour mourir.

À un peuple qui m'est favori

Est-il possible d'aimer et de n'être compris que par soi-même ?

Combien d'années, de siècles vous faudra-t-il encore pour suffire à votre incompréhension ? Combien de guerres faudra-t-il encore pour éteindre cette soif du mal ?

J'aimerais bien embrasser vos lèvres désséchées par la faim et la soif, mais comprenez que seul, je ne puis survivre à une telle époque. Il est si facile de s'aimer, pourquoi attendre toujours et toujours ? N'est-il pas enfin venu le temps de la paix, les jours bienheureux où les enfants peuvent courir librement ? et ces adultes qui goûtent l'air pour la première fois.

Ah ! si vous saviez ! La terre entière je l'ai faite mienne, et chaque Humain qui l'habite est pour moi un ami, un réflexe de ma personne. Chacun de ces êtres me fait vivre. Mais que faire en ces pauvres jours où la terre tremble et où tout bouge comme en un manège dangereux ? Je ne sais plus, ma pauvre tête s'élance comme le pire des combats, tout devient rouge, tout s'éclate, tout se dévore..., tout se tue.

Je deviens la proie de jeux féroces, les lois corrompues deviennent les complices du jeu, le sang coule à flot, le néant à ma porte me console, il y a toujours quelque chose qui t'attend, quelque part, n'importe où, le noir, l'éternel noir.

Je m'enfuis, je me cache, pour moi l'éternel repli. La torture de mon esprit devient celle de la colère...

Destinée d'amour

Le rouge de ma bouteille
Est vide
Et le blanc de mes pensées
Est plein
Les pays de mon pays,
Avec impatience,
Attendent toujours,
Et toujours,
Les pays de mon pays
Tous pensifs, tous craintifs,
Attendent toujours.

Le rouge de ma bouteille
Est vide
Et le blanc de mes pensées
Est plein
Mais l'encre de mon stylo
Épuisée, presque,
Je n'aurai qu'à me lever
Et à chanter ou à crier,
Je n'aurai qu'à danser
Ou à parler
Et les peuples, tous craintifs,
Bientôt s'apaiseront

Le rouge de ma bouteille
Est vide
Et de ma main j'écris ces lignes,
Le rouge de ma bouteille
Est vide
Et de ma tête je pense ces lignes

Bientôt je me lèverai
Ou je partirai,
Estompé,
Effacé.

Chanter les déboires
D'un monde à l'envers,
Comme chaque fois
Mourir d'un nouveau cancer

La vierge a donné son sang
Au marchand pudique,
Les enfants sont morts
Égorgés comme des perdrix.

LA DANSE REPREND...

Lettre à un sauvage
vivant en un pays sous-développé

Cher ami,

Vous savez bien que mon coeur est honnête et que jamais je n'oserais vous raconter quelques sottises que ce soit, mais vous savez, mon pays me rend malade et bien que je sois d'une constitution assez résistante, il m'est impossible de supporter les moeurs qui s'en dégagent, comme une vapeur acariâtre.

L'esclavage y est encore présent, et bien que je veuille m'en défaire, des chaînes me retiennent et m'empêchent de bouger à ma guise.

J'ai apris que depuis cent ans votre pays s'est débarassé de ce fléau et que l'esclavage, au sens pur du terme, n'est pour vous qu'un mauvais souve-nir. Chez nous, cet esclavage est contrôlé d'une manière hypocrite, sous forme de bureaucratie, des hommes en sont les maîtres et nul ne peut poser pied sur terre sans le consentement de l'un d'eux.

On maintient le peuple dans la bêtise, on le nourrit d'absurdité, on le convainc, sous la manière d'un patriotisme inexistant, à faire un travail sans salaire, on fait des recrutements auprès des jeunes pour qu'ils deviennent de nouveaux genres de soldats sous-payés et bien-abusés.

La télévision sert de neutraliseur, le pouvoir y est inscrit, rien n'y est diffusé qui soit laissé au hasard, tout y est calculé et bien révisé. On ne doit pas trop informer le peuple, la naïveté les tient à leur fauteuil.

Mon cher ami, que je suis heureux pour vous. Mon pays se fait lui-même un honneur de se qualifier *Civilisé*, le vôtre est plein de beauté et de natu-rel. On vous dit sous-développés et l'on fait croire au nôtres que vous êtes arriérés.

Pour ma part, je me demande bien où se situe la civilisation... dans votre jungle sauvage ou bien, dans nos gratte-ciels de béton (!).

Soyez assuré,
compatriote,
de mon amitié la plus sincère.

Bien à vous

◆ ◆ ◆

À quand la révolution ?

Quand les hommes comprendront
Qu'il n'y a ni guerre, ni paix
Qu'il n'y a qu'un ciel assoiffé
Qu'une terre abandonnée

Un enfant qui pleure ou qui se meurt...

Plus de morts

IL Y A PLUS DE MORTS
EN MOINS D'UN SIÈCLE
QU'IL N'Y EN A EU
AUPARAVANT

Deux guerres mondiales
Six millions de Juifs sont morts comme des chiens
On a tué tout un peuple
Hiroshima, l'innocente
Nagasaki en guise de trophée
On avorte des millions de bébés de par le monde
On construit des bombes pour se protéger
On érige des statues en l'honneur des rois
On arrache l'espoir à celui qui fait la quête

L'AMOUR EST MAINTENANT CHOSE BANALE

Des enfants-éprouvettes sont nés
Des hommes se transforment en femmes
Vice et versa
Le divorce est majoritaire
Les enfants sont abandonnés
Plus rien ne tient

Serait-cela fin ?

Serait-ce la fin ?

Serait-ce la fin ?

Le défi

Le chat est couché sur le divan
Le divan est dans le salon
Le salon est dans la maison
La maison est sur la rue
La rue est dans le quartier
Le quartier est dans la ville
La ville est dans la province
La province est dans le pays
Le pays est sur le continent
Le continent est sur la mer
La mer est sur la terre
La terre est dans le système solaire
Le système solaire est dans la galaxie
Et la galaxie est dans l'univers

Quand tu auras réussi
À toucher le bout de l'univers,
Quand tu seras assez grand pour dire
Que tu as parcouru l'univers

               Tu reviendras faire la guerre.

L'orphelin des âmes en guerre

Je t'entends
Petit vilain,
Tu te caches
Je te retrouve,
Tu es loin
Je perçois tes notes,
Sensuelles
Et plus calmes
Plus douces que toutes les aurores,
Les soleils chauds et merveilleux

Je t'entends,
Dans les déserts
Remplis d'obstacles,
Remplis de toutes ces choses,
Les murs de béton
Les frontières du sourire

La foule pleine de bruits
Envahit les visages
Mais je t'entends,
Plus fort
Que les tapages,
Plus pur que les sources mélodieuses,
Les chansons du bonheur
Ou les hymnes
Du malheur

Je t'entends,
Brave garçon
Né du silence,
Orphelin des âmes en guerre,
Solitaire
Comme un poète qui pleure

Tell me the same

Les enfers sont accomplis,
Le roi est mort,
Le sang des justes a ruisselé
Dans les crevasses
Les hommes sont cuirassés
De métal d'argent

La porte est fermée

The door is closed
On my mind
And I try to keep
Something, I don't know what
But it's very crazy

Ohhh ! the love I got
And no one can tell me
The same, so I cry

J'ai vu les armées se battre
En d'autres pays sanglants

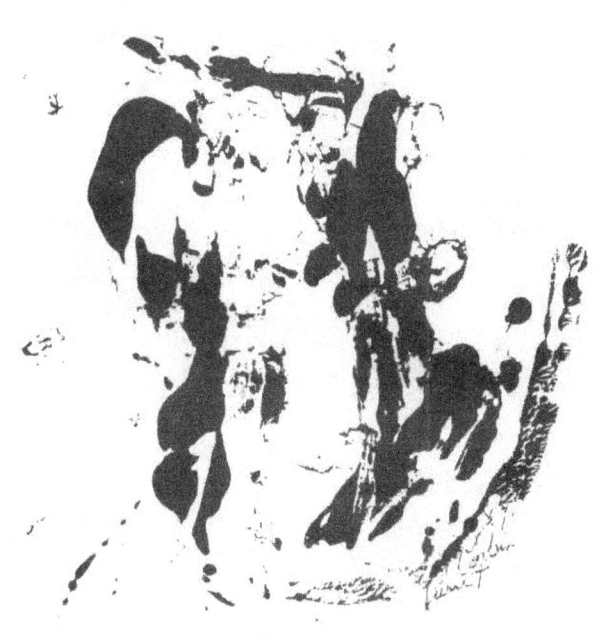

De toute façon, même si Dieu n'existe pas
Dieu, c'est la volonté de l'homme à faire le bien

...De toute façon

La religion, c'est la séparation du monde

L'étoile

Je suis une étoile
Mon étincellement n'a pas de limite,
La lumière que je transporte
Éclaire chacun de vous

Je possède la vie éternelle
La jeunesse m'est un cadeau précieux,
Du haut du firmament
J'observe la nature vivre et mourir

Je suis heureuse de vous voir si petits,
Grands rêveurs,
Je suis merveilleuse
Soyez mes esclaves.

Insultes

Solitude
Accompagne mes pas
Amertume
Accompagne mes regards

Peindre les arbres de blanc
Couvrir les montagnes de sang,
Crier au loin sa justice
Être le valet des éléments

Nuit d'abord,
Concupiscence
Poudre aux yeux
Lâcheté,
Hypocrisie pour son bien,
Rois des infortunés
Ingrats
Poltrons

Mourir de sexe
Mourir de dettes,
Amours sans amour,
Membres allongés
Vases mouillés
Souillés
Salis,

Salauds

Devenir vaurien
Devenir crasseux
Comme un rebut

La honte
Le mépris
La gêne de se démasquer,
Couvrir sa tête d'un plumeau
Comme une vulgaire poussière,
Manger les excréments
Dormir dans le fumier et le pissat

Mots crachés le long du chemin,
Réalité insultante
Dégradante pour les poètes

Vaut mieux mourir dans l'eau
Que de périr par le feu

Versez le sang dans ma coupe,
Je bois à la vôtre

                Santé !!!

Tout en toi - Tout en moi

Tes dieux ne m'intéressent pas
Les miens sont plus grands
Ce sont des dieux farouches
Indociles

Tes vacarmes ne m'intéressent pas
Les miens sont plus profonds
Ce sont des vacarmes inaudibles
Et sourds

Tes malaises ne m'intéressent pas
Les miens sont plus somptueux
Ce sont des malaises étranges
Mystérieux

Tes paroles ne m'intéressent pas
Les miennes sont plus justes
Ce sont des paroles inconnues
Incomprises

Tes soupirs ne m'intéressent pas
Les miens sont plus éloquents
Ce sont des soupirs modestes
Exaspérés

Tes visages ne m'intéressent pas
Les miens sont plus simples
Ce sont des visages semblables
Insondables

Tes bijoux ne m'intéressent pas
Les miens sont plus précieux
Ce sont des bijoux recherchés
Amoureux

Tes habits ne m'intéressent pas
Les miens sont plus vrais
Ce sont des habits incolores
Inodores

Tes richesses
Tes femmes
Tes folies ne m'intéressent pas
Ce sont des rêves
Des phantasmes
Et des conceptions
Avortés
Les miens sont palpables
Véridiques

T'intéresses-tu à mon être
À ma vie
À ma mort ?
Ce sont mes déceptions
Mes réalités
Mes désirs
Ton être est un bétail
Qui s'en va dans les champs
Vers l'abattoir / Ton Saint lieu

Questions seulement

Pourquoi le vent
               N'est que poussière sur mon visage ?

Pourquoi la pluie
               Tombe acide sur les fleurs ?

Pourquoi la terre
               Est devenue pâte sous mes pieds ?

Pourquoi la mer
               Déverse sa boue sur le rivage ?

Pourquoi le ciel
               Est noir au soleil ?

Pourquoi suis-je impuissant
               Devant cette apocalypse ?

◆ ◆ ◆

        Mes pas ce soir
        Ont frôlé l'herbe
        Et brisé sa plénitude

        Je ne sentis
        Que les cris
        D'une nature en délire

Pollution

L'odeur de l'air,
Le ciel que je vois gris,
Mais qu'est-ce donc
Ce chemin ?
Quel bruit bizarre j'entends
... là-bas

Me suis-je donc perdu si loin ?
Toutes ces lumières
Qui plongent vers moi
Prêtes à me dévorer.
Tous ces monstres
Que je vois devant moi

Suis-je donc si faible ?

L'époque dans laquelle je vis
Est celle d'un cauchemar
Où l'amour n'existe plus
Et où il y a orgies continuelles
Entre ceux qui l'habitent

La terre n'appartient maintenant
Qu'aux démoniaques,
Les sages n'y ont plus de place

La plus grande pollution est
La pollution de la terre par l'homme
Il n'y a pas de paix
Là où il y a un homme.

Serait-ce bien
D'étouffer

EN CES LIEUX OÙ LA MER VAGABONDE ?

                                            Je ne sais trop

                                            La mer est si VASTE

Fantasmes

J'aimerais endosser
Un habit parsemé de couleurs,
Un costume des temps anciens.

Je partirais
À travers champs,
En respirant
En souriant
Heureux
Passif

Je suis au seuil de la mort,
Là où l'arc-en-ciel joint les deux bouts.
Je marche sur un océan d'écume,
Les montagnes sont de cristal,
Leurs sommets frôlent les nuages
Sans jamais les blesser

La nuit devient froide, glacée.
Les oiseaux sifflent dans le vent
Les reptiles regagnent leurs gîtes

L'enfer est à mes pieds
Le ciel est plus loin
Le ciel est plus loin
Le ciel est plus loin...
Répétitions, décadences d'une société

Quand retrouverai-je donc ma liberté,
Celle que mon rêve désigne du bout
de ses fantasmes ?
Je suis enchaîné à la réalité
Celle qui me retient par ses souffrances

Le prisme se décompose,
Les fleurs se fanent, les pétales tombent
Sur la terre asséchée

Quand les hauts bâtiments s'écrouleront-ils
Pour laisser grandir la forêt ?
Les poissons nagent maintenant dans la boue
Moi je crie à jamais
J'écris pour toujours

Le soleil se maintient dans le ciel
À l'aide de béquilles,
Épuisé d'éclairer une terre
Assombrie

J'endosse mon costume clownesque,
Plein de couleurs
Car je suis au seuil de la vie,
Au seuil de la mort

Pourquoi pleurer en ce jour infini ?

Laissez les reptiles danser autour du feu,
Il les grugera,
Chantez les louanges vers le ciel.
Les montagnes se cristallisent,
Le prisme se décompose
Et les couleurs baignent dans la joie

MOI JE PRIE

J'entends le bruit du cadran
Seul dans tout ce silence
Je rêve de liberté

TIC-TAC- TIC-TAC- TIC-TAC...

Le temps existe-t-il ou est-ce
Une autre invention... ?

Le monde est fou

Nous sommes une bombe vivante
TIC-TAC- TIC-TAC- TIC-TAC...

À PART L'HOMME,
TOUT EST SIGNE DE LIBERTÉ

Petits guignols

Bientôt,
Géants et mains fortes
Diront lève-toi,
Si le peuple aveuglé n'entend pas
Bientôt
Se lèvera

Assis sur mes coussins,
L'écran de lumière
Me mitraille les yeux
Détruisant
Mon cerveau intellect,

JE SOUFFRE
      figé
           OUBLIANT LA VIE

Chaque cerveau,
Devant cette source informatisée,
Deviendra creux
Et chaque humain
Deviendra guignol,
Du bout de ses cordes
Il sera manié habilement,
Subtilement

Les géants se réjouiront
Et commanderont,
Les guignols suivront

Il leur sera dit :
"PRENDS ARME ET TUE"
Et les guignols,
Du bout de leurs cordes,
Tueront
Quand ce jour sera venu,
La fin du monde aussi

Avant de pleurer
Le deuil de mon cerveau,
Au présent que je suis encore,
Je ferme les yeux
Et j'ouvre mes oreilles
Sur la musique de mes ancêtres

Au futur que je serai
Les géants pleureront
Moi je rirai

♦ ♦ ♦

IL Y A PLUS DE MORTS
EN MOINS D'UN SIÈCLE
QU'IL N'Y EN A EU
AUPARAVANT

Le ciel sera bleu

Les grandes puissances,
Celles qui s'amusent avec nous
Tous les jours.
Ces grandes puissances,
Si laides et si moqueuses ;

Un gamin dans la forêt
Couché près du ruisseau,
Rêve
Rêve
Rêve

Un arbre et ses feuilles
Vertes,
Un oiseau sur son perchoir.
Dans le nid,
Ils ouvrent le bec
Les petits ;

Brindilles et feuilles mortes,
Du bois est sa maison,
Mais les grandes puissances sont là
Dans le ciel qui devient gris :
Un orage se prépare
Et elles se moquent toujours.

Mais le gamin dans la forêt
Couché près du ruisseau,
Rêve
Rêve
Rêve
♦♦♦
Quand le gamin s'éveillera,
Près du ruisseau,
Ses brebis se coucheront

Dans la forêt
Le ciel sera bleu.

Accroc

Vices cachés dans un bouquet de super flux
Incontrôlés et plusieurs fois remâchés
Vous reviennent danser leur valse nocturne

Retour d'une barbarie ancienne
Emancipée par des consciences blasées
Ou par l'ordinateur manipulateur,
Uniformisation idéologique et lavages de cerveaux,
Mauvais présages pour celui qui parle
Ouvertement d'une liberté vite camouflée

Un jour les dieux parleront,
Renverseront le monde,
Immortaliseront les bons et brûleront les mauvais

Retour du Paradis Terrestre.

◆ ◆ ◆

Toutes les sciences des hommes
Se résument en une...

La science de notre destin

À quoi bon se tuer

Ceci est bien vrai,
Etre égal à soi-même
Non-vivre d'inexistence,
Souffler d'un arrêt temporel
Unique chance de se faire valoir,
Retrouvez vos sens
En ce qui vous blesse

Courir après sa tête,
Avares de mots
Ridicule, ridicule

Ce sont des acrostiches
Et des lettres raccordées,
Sons pour dire la vérité,
Trouvailles sans raffinement

Leurrer quelqu'un c'est pas difficile
Avoir une vérité c'est autre chose

Vous êtes fous, un peu comme moi
Embarquons ensemble
Rions de nous-mêmes
Impliquons-nous gaiement, à quoi bon se
Tuer, mourir pour nos bêtises
Élevez-vous de vos stupidités

Et peut-être, je ferai le singe

Le monde est une bêtise Humaine

Libère le monde
Libère l'oiseau de sa cage
Sois ami
Sois bon
Amène la paix

LIBERTÉ À TOUS

Toi que j'aime

Le petit oiseau
Du pays d'airain,
Capturé lors d'un vol
Acharné,
Pleurait sa liberté –
              Toi que j'aime

Mis en cage comme un féroce
Disséqué des yeux
Comme un cobaye sans vie,
De jours en nuits
Le petit oiseau
Perdait de ses plumes

Ses couleurs, hier, éclatantes
Aujourd'hui sont ternes,
Le petit oiseau
Du pays d'airain,
Bientôt succombera

Le petit oiseau
Du pays d'airain,
Capturé lors d'un vol
Acharné,
Pleurait sa liberté –
              Toi que j'aime

Nuit

Mon amour

Mon amour,
La nuit est calme
Douce et paisible

Seul au clair de lune,
Toi, plus loin dans le noir

Sans parole sans geste
Sans chanson sans musique,
Ton esprit se fond en moi
Ton corps se lie à moi

Au loin dans le noir,
Moi, seul au clair de lune

Mon amour

Mon amour,
Tu es ma nuit
Calme, douce
Et paisible

L'opéra des mers

Mon âme se perd
Dans l'horizon brumeux,
Les pétales
Tombent sous le glaive
De ta beauté

J'attends seulement les secondes
Où tu diras
Les mots qui font l'amour

Tes cheveux,
La coupe d'une reine,
Et les bijoux qui ornent
Ton visage,
Comme un royaume inexploré
Ne font qu'embellir
Tes mille sourires

J'attends et j'attendrais
L'éternité
Pour n'avoir qu'un baiser
Venant de ta bouche délicate

Ton ombrage demeure vivant
Jusqu'au jour
Où j'entendrai ton appel

L'écho de ta voix
Sera pour moi
L'opéra des mers et des richesses

Au-delà des montagnes

Dormir au pied d'un arbre et se
Réveiller au milieu d'un rêve,
Midi est l'heure d'ajuster mon luth,
Facilement je retrouve la note qui fera ma musique

Solfège de chants,
Langage des temps, c'est leur
Simplesse naïvement inspirée qui rend la vie
Douce et apaisante

De cette gamme j'accorde mon luth
Et par ma chanson
J'entreprends de chanter la rivière
Au-delà des montagnes.

♦ ♦ ♦

Silhouette sur un fil d'argent

Je regarde le bel oiseau s'envoler
s'envoler
s'envoler
Je regarde le bel oiseau s'envoler
Vers le clocher

Peuple gitan

Croyez
Et chantez

Car le feu crépite
Comme la vie roupille
Sous l'ombrage
De vos festins

Les gitans
Forment la musique,
Leurs guitares
Font les mélodies
Et on danse
Comme la mort s'éloigne

Les décors sont couleurs,
Écarlates et sombres
Et la nuit est un lieu
Comme la vie
Est un jeu

Plus d'animaux dans la forêt
Plus de fleurs
Au jardin merveille,
Les malheurs sont bannis
Les souffrances
De vieux souvenirs

TOURNEZ TOURNEZ
AUTOUR DU FEU QUI SE CONSUME !!!

Vos chants et vos airs
Quêtent l'espoir
Comme ma main
Se tend vers vous

J'ai découvert dans les marais,
Brumeux et sauvages
Sous le soleil calcinant,
Vos traces
Et votre piste

Rois des fêtes joyeuses
PEUPLE GITAN

♦ ♦ ♦

Le soleil du printemps
Fait fondre la neige
Et chaque jour je prie
Pour qu'elle emporte avec elle
Le sang de nos frères

(Morts pour notre amour)...

Paix - Amour - Liberté

Écoutez les amis,
Pourquoi vous laissez-vous mourir ?
Êtes-vous aveugle... ?!

Ne voyez-vous pas que vous marchez sur votre liberté ?
Un cadeau vous attend, mais un mauvais.
Une rivière de sang coulera de la montagne, le sang de vos frères, les frères de vos frères... et vous !

Vous êtes le bétail qui broute l'herbe que son maître lui donne, vous êtes le bétail qui broute l'herbe devant l'abattoir, vous êtes le bétail qui broute l'herbe sans penser à ce qui vous arrive, à ce qui vous arrivera, car vous êtes heureux de ce que vous avez... de l'herbe.

Sachez les amis qu'aussi vieux que vous puissiez être, vous êtes tous jeunes.
Pourquoi se battre ?
Je vous le dis, entre nous, le sang ne coulera pas, car l'amour est plus fort que la haine.

Nous ne sommes pas du bétail
Nous sommes des êtres Humains.

(Sachez les amis que si la paix solitaire parle, elle se fera taire par la tempête qui soufflera).

Cessez de dire
> **L'Union fait la force**

Dites au contraire
> **L'Union fait la Paix**

Quand la pluie commencera à tomber, quand le vent commencera à souffler, nous, le Peuple du Futur, le Peuple du Futur-Présent, le Peuple de l'Amour,

Nous resterons assis, nous resterons couchés et nous chanterons...

SINON ?

Sinon dans la rue
Le sang coulera
Et dans la rue
Le monde criera

    Pourquoi ?

Mais je vous le dis, le sang ne coulera pas car il n'y a aucune raison.

N'oubliez pas que la violence attire la violence...

Nous aurons la Paix par la Paix
Nous aurons l'Amour par l'Amour
Nous aurons la Liberté par la Liberté

Je vous le dis, soyez mes Amis

www.ingramcontent.com/pod-product-compliance
Lightning Source LLC
Chambersburg PA
CBHW061507040426
42450CB00008B/1515